El Pod

los Jugos

Saludables

130 recetas de jugos naturales, para aumentar la energía, la inmunidad y el bienestar

Bárbara White

DEDICATORIA

Este libro está dedicado a todas aquellas personas que cultiva buenos hábitos y desean bajar de peso. Las frutas y verduras frescas poseen grandes propiedades nutritivas y saludables.Tienen un alto contenido de agua y fibra, dos componentes esenciales para la sa-lud, son ricas en nutrientes como vitaminas y minera-les y un bajo contenido en grasas y azúcares. "CUIDARTE es la mejor decisión que has tomado" y este libro te ayudará.

Contenido

Descubre el Poder de los Jugos y Batidos

Un batido verde mezclado puede proporcionarte 12 o más gramos de fibra por una bebida de 16 onzas. Los expertos coinciden en la importancia de consumir jugos. A través de jugos o batidos hechos de frutas y verduras, podemos obtener la cantidad diaria requerida de nutrientes. Es clave encontrar las combinaciones y texturas que más te gusten e intentar variar entre vegetales y frutas para obtener un amplio espectro de nutrientes. Lo esencial es consumir frutas y verduras de manera regular.

Si alguna bebida te produce gases, podría ser debido a la mezcla de ingredientes que no son compatibles con tu sistema. Esto también puede indicar que tu cuerpo está ajustándose a nuevos alimentos. Intenta eliminar un ingrediente a la vez para descubrir qué es lo que mejor te funciona. Con el tiempo, y después de haber estado consumiendo jugos regularmente, aprenderás cuáles son las combinaciones más adecuadas para tu sistema digestivo y tu organismo.

Combinación de Alimentos

Existe cierto debate entre los expertos sobre mezclar frutas y verduras para hacer jugos. Las manzanas son la excepción, ya que se dice que combinan bien con todo. Algunos defensores de la salud argumentan que las frutas y verduras se digieren de manera diferente, lo que significa que mezclarlas puede provocar problemas digestivos como gases y fermentación. La fermentación puede ocurrir cuando la comida no se digiere adecuadamente en el estómago, a menudo por falta de ácido estomacal. Otros expertos indican que al hacer jugo de frutas con verduras, incluyendo vegetales de hoja verde, apio, pepino y vegetales no almidonados, se neutralizan entre sí, equilibrando el ácido del estómago. Dado que el proceso de hacer jugo elimina la fibra, permitiendo que el cuerpo asimile fácilmente los nutrientes, mezclar diferentes tipos de alimentos podría no ser un problema para la mayoría de las personas.

Otros sostienen que la mejor manera de combinar y consumir frutas y verduras es mediante batidos, manteniendo la fibra de la fruta, lo cual ayuda en la digestión. Los defensores de los batidos apoyan la idea de "masticar" sus bebidas, lo que les proporciona una sensación de saciedad mientras obtienen su cantidad diaria de fibra. La Escuela de Salud Pública de Harvard recomienda 14 gramos de fibra por cada 1,000 calorías de alimento, diariamente. Un batido verde mezclado puede proveerte con 12 o más gramos de fibra para una bebida de 16 onzas.

Combinación de Vegetales

En la mayoría de los casos, todos los vegetales pueden consumirse juntos, pero para una digestión óptima, es mejor no comer proteínas y almidones juntos. Las proteínas combinan bien con vegetales no almidonados.

Los vegetales no almidonados incluyen acelgas, bok choy, brócoli, coles de Bruselas, repollo, apio, espinaca, pepino, diente de león, endivia, escarola, hinojo, ajo, col rizada, colinabo, lechuga, perejil, rábanos, espinacas, brotes, calabacín, pimientos dulces, acelga, berros y zucchini.

Los vegetales ligeramente almidonados incluyen remolachas, zanahorias, batatas y guisantes.

Combinación de Frutas

En la mayoría de los casos, las frutas pueden consumirse juntas. Una excepción son los melones, que se digieren rápidamente. Todos los melones pueden consumirse juntos una hora antes o después de consumir otros alimentos. En otras palabras, es mejor consumir los melones solos, sin otras verduras o frutas. Otras excepciones podrían ser combinar frutas ácidas, como naranjas, toronjas, mandarinas o piñas, con frutas dulces como dátiles, pasas, higos, ciruelas pasas, bananas, papayas y uvas. Estas combinaciones pueden causar cierta fermentación y gases. Frutas como albaricoques, manzanas, moras, cerezas, uvas, kiwis, mangos, melocotones, ciruelas y peras pueden combinarse con frutas á cidas, así como con frutas dulces, incluidos dátiles, pasas, higos, ciruelas pasas, bananas, papayas y uvas, para disfrutar de una variedad de sabores sin afectar negativamente la digestión.

Beneficios para la Salud de las Verduras y Frutas por Color

La sabiduría occidental y oriental coinciden en que deberíamos consumir alimentos de todos los colores, ya que combaten enfermedades. Comer un espectro de cinco colores cada día podría ayudarte a vivir una vida más larga y saludable.

- **Verde:** El pigmento verde en las plantas se llama clorofila. Los alimentos verdes aumentan la detoxificación, la circulación y la producción de células sanguíneas. Contienen luteína y zeaxantina, que ayudan a reducir el riesgo de degeneración macular y cataratas. Los verdes también contienen antioxidantes, potasio, vitamina C, vitamina K y ácido fólico. La vitamina K puede ayudar a prevenir la diabetes y podría reducir el riesgo de cáncer de páncreas. Hay evidencia que sugiere que comer vegetales crucíferos y verduras de hojas oscuras como la coliflor, el brócoli, el repollo y todas las verduras de hoja oscura ayuda a proteger contra el desarrollo y crecimiento del cáncer. Incluir en tu dieta diaria kiwis, aguacates, manzanas, semillas de calabaza, pistachos, uvas verdes, limas y espárragos es muy beneficioso.
- **Naranja:** Los alimentos naranjas como las zanahorias, calabazas, naranjas, batatas y pimientos naranjas son ricos en beta-caroteno, vitamina C y A, y pueden mejorar la visión y reforzar el sistema inmunológico. Se ha demostrado que tienen efectos anticancerígenos, ralentizando y reduciendo el riesgo de cáncer y enfermedades cardíacas. Consumir alimentos naranjas al menos tres veces a la semana es recomendable.
- **Rojo:** Tomates, pimientos rojos, remolachas, sandías, granadas y bayas rojas son ricos en licopeno, antocianinas, flavonoides y antioxidantes, que mejoran la salud del corazón y pueden disminuir el riesgo de cáncer de ovario y páncreas hasta en un 60%. Los pigmentos en los alimentos rojos combaten los radicales libres y previenen el daño oxidativo a las células. Se recomienda consumir al menos una porción de alimento rojo diariamente.
- **Amarillo:** Limones, toronjas, papayas y pimientos amarillos son ricos en vitamina C y flavonoides, que inhiben el crecimiento de células tumorales y desintoxican contra sustancias nocivas. Los frutos y vegetales amarillos contienen potentes antioxidantes que protegen contra casi todos los tipos de cáncer, especialmente de estómago, garganta, boca y colon, además de mejorar la visión y reforzar el sistema inmunológico. Se recomienda consumir al menos una porción diaria.
- **Púrpura:** Ricos en antioxidantes y fitoquímicos, pasas, ciruelas secas, uvas moradas, col morada, hongos negros, berenjena, bayas rojas, arándanos y moras contienen propiedades anti-envejecimiento y reducen el riesgo de cáncer. Los alimentos púrpura obtienen su coloración de flavonoides fitonutrientes conocidos por mantener saludables los vasos sanguíneos, disminuir el riesgo de enfermedades cardíacas

y revertir la pérdida de memoria a corto plazo. Consumir una o más porciones al día es beneficioso.

- **Blanco:** El ajo, las cebollas y los chalotes son ricos en fitoquímicos y potasio. Los alimentos blancos ayudan a reducir los niveles de colesterol, bajar la presión arterial y prevenir la diabetes, así como cánceres de ovario, colon y estómago. La alicina, el compuesto activo en el ajo, tiene efectos antimicrobianos y antioxidantes, liberados cuando el ajo se pica, machaca, exprime así como con frutas dulces como dátiles, pasas, higos, ciruelas pasas, bananas, papayas y uvas. Estas mezclas ofrecen una variedad de sabores y beneficios nutricionales sin provocar malestar.

Jugos una Aventura de Sabor y Bienestar

En la búsqueda de una vida más saludable y llena de vitalidad, la naturaleza nos ofrece una amplia gama de ingredientes repletos de nutrientes esenciales. Los jugos frescos se han convertido en una forma popular y efectiva de incorporar estas bondades naturales en nuestro día a día, proporcionando no solo una explosión de sabor, sino también una fuente concentrada de vitaminas, minerales y antioxidantes. Conscientes de la importancia de nutrir el cuerpo y el alma, hemos diseñado cuidadosamente una colección de recetas de jugos que prometen revitalizar tu ser desde el interior.

Desde el poderoso "Jugo Maestro Supremo", que combina lo mejor de frutas y verduras con superalimentos, hasta el reconfortante "Jugo Especiado y Reconfortante de Manzana con Canela", cada receta ha sido pensada para ofrecerte una experiencia única de sabor y bienestar. Estos jugos no solo son una herramienta poderosa para desintoxicar y energizar tu cuerpo, sino que también te invitan a descubrir la riqueza y diversidad del mundo vegetal.

Ya sea que busques un impulso de energía por la mañana, una dosis de nutrición post-entrenamiento, o simplemente una manera refrescante de hidratarte a lo largo del día, nuestra selección promete algo especial para cada momento. Te invitamos a explorar estos elixires de vida, a experimentar con ingredientes que quizás nunca antes has probado, y a sentir la transformación que un simple vaso de jugo puede aportar a tu bienestar general. Bienvenido al maravilloso mundo de los jugos, donde cada sorbo es un paso hacia una versión más vibrante de ti.

1. Batido de Muesli al Amanecer

Ingredientes:
- 1/4 de piña
- 2 manzanas
- 3 fresas
- 1/2 plátano
- 2 cucharadas de yogur natural (opción vegana: yogur de soja)
- Un puñado pequeño de muesli orgánico
- 3 cubitos de hielo

Preparación:
1. Extrae el jugo de la piña y las manzanas.
2. Coloca las fresas, el plátano, el yogur, el muesli y el hielo en la licuadora.
3. Agrega el jugo de piña y manzana que preparaste previamente.
4. Mezcla hasta lograr una consistencia cremosa y uniforme.
5. Disfruta este batido lleno de sabor y nutrientes, ideal para un desayuno energizante o como un snack refrescante a cualquier hora.

2. Smoothie de Semillas y Cítricos

Ingredientes:
- 3 cucharadas de yogur natural (para veganos, yogur de soja)
- 1 cucharada de mezcla de semillas (girasol, calabaza, sésamo)
- 2 naranjas (jugo)
- 1/2 plátano
- 1 cucharadita de miel (opcional)
- Una pizca de canela
- 6 cubitos de hielo

Preparación:
1. Exprime el jugo de las naranjas.
2. Añade el jugo a la licuadora junto con el resto de ingredientes.
3. Licúa hasta conseguir una mezcla suave y homogénea.
4. Ideal para comenzar tu día con energía o como un refrigerio nutritivo y refrescante.

3. Delicia de Vainilla y Miel

Ingredientes:
- 1/2 cucharadita de miel (preferentemente miel de Manuka)
- 1/2 cucharadita de esencia de vainilla
- 300 g de yogur natural (opción vegana: yogur de soja)
- 4 cubitos de hielo

Preparación:
1. Coloca todos los ingredientes en la licuadora.
2. Mezcla hasta alcanzar una textura cremosa y homogénea.
3. Sirve y disfruta de este batido lleno de sabor, perfecto para un desayuno nutritivo o un snack refrescante.

4. Jugo Tropical Natural

Ingredientes:
- 1/2 piña pequeña
- 1 pomelo rubí
- 4 onzas de agua con gas
- Hielo al gusto

Preparación:
1. Extrae el jugo de la piña y del pomelo.
2. Mezcla el agua con gas con los jugos recién exprimidos.
3. Sirve en un vaso con hielo y disfruta de un refrescante jugo tropical.

5. Jugo Revitalizante

Ingredientes:
- 1/4 de pepino pequeño
- 1 tallo de apio
- 2 manzanas
- Hielo al gusto

Preparación:
1. Procesa todos los ingredientes en la licuadora hasta obtener un jugo suave.
2. Sirve inmediatamente sobre hielo para disfrutar de una bebida refres-

cante y revitalizante.

3. Este jugo es ideal para hidratarte y ayudarte en la recuperación post-entrenamiento, aportando un balance perfecto de nutrientes esenciales.

6. Jugo Beta de Menta

Ingredientes:
- 4 zanahorias orgánicas
- Un puñado pequeño de menta fresca, picada finamente
- 1/2 cucharadita de espirulina en polvo

Preparación:

1. Extrae el jugo de las zanahorias usando un extractor de jugos o una licuadora para una textura más suave.
2. Vierte el jugo en un vaso grande.
3. Incorpora la menta picada y la espirulina en polvo al jugo y mezcla bien hasta integrar completamente.

7. Batido Maestro de Pasión por el Jugo

Ingredientes:
- 1/4 de piña pequeña, lavada, incluso con la piel
- 1 manzana
- 1/4 de plátano
- 200 g de yogur orgánico natural (o yogur de soja para una opción vegana)
- 1/2 cucharadita de espirulina

Preparación:
1. Exprime la piña y la manzana para obtener su jugo.
2. Añade los zumos, el plátano, el yogur y la espirulina en una licuadora.
3. Bate hasta conseguir una mezcla homogénea y disfruta de este nutritivo batido.

8. Jugo de Frutas Frescas

Ingredientes:
- 1/4 de piña
- 1/2 pulgada de rodaja de limón, preferentemente sin cera y con su cáscara
- 3 fresas
- Un pequeño puñado de frambuesas
- 1/2 plátano

Preparación:
1. Exprime la piña y el limón.
2. Añade las fresas, frambuesas y el plátano en la licuadora.
3. Vierte el jugo de piña y limón sobre las frutas y licúa hasta obtener una mezcla homogénea.

9. Jugo de Encanto Matutino

Ingredientes:
- 1/2 tallo de apio
- 1 pulgada de pepino
- 2 manzanas
- 1/4 de lima
- 1/4 de aguacate
- 1/2 cucharadita de espirulina
- 2 cubitos de hielo

Preparación:
1. Extrae el jugo del apio, el pepino, las manzanas y la lima.
2. Añade la pulpa del aguacate, la espirulina y el hielo en una licuadora.
3. Vierte el jugo recién extraído en la licuadora y licúa hasta obtener una mezcla homogénea.

10. Refrescante Jugo Hidratante

Ingredientes:
- 2 tazas de sandía cortada en cubos
- 4 cubitos de hielo picados

Preparación:
1. Coloca todos los ingredientes en la licuadora.
2. Mezcla hasta lograr una consistencia homogénea y disfruta de este delicioso jugo.

11. Jugo Refrescante de Melón Cantalupo

Ingredientes:
- 1/3 de un melón cantalupo mediano
- Un puñado pequeño de hielo triturado

Preparación:
1. Lava bien el melón, pero no retires la piel.
2. Corta y exprime el melón con su piel, luego sirve el jugo sobre el hielo triturado.

12. Jugo Vibrante Rojo

Ingredientes:
- 1/4 de piña
- 1 manzana
- 1/4 de pulgada de limón (con cáscara)
- 1/2 pulgada de calabacín
- 1/2 pulgada de pimiento rojo
- 1 pulgada de remolacha cruda
- 2 cubitos de hielo

Preparación:
1. Procesa todos los ingredientes en un extractor de jugos.
2. Sirve el jugo fresco sobre los cubitos de hielo.

13. Jugo Maestro Supremo

Ingredientes:
- 1/2 lima, pelada
- 2 manzanas (Golden Delicious o Royal Gala)
- 1/4 de piña
- 1/4 de pepino mediano

- 1/4 de aguacate maduro
- 1 oz de pasto de trigo fresco (o alternativa sugerida)
- 1 cucharadita de espirulina en polvo
- 1 cápsula de polvo de bacteria acidophilus

Preparación:

1. Procesa las manzanas, la piña, el pepino y la lima en un extractor de jugos.
2. Extrae la pulpa del aguacate y colócala en la licuadora. Añade el hielo, el pasto de trigo, la espirulina y el polvo de bacteria acidophilus.
3. Licúa hasta conseguir una mezcla homogénea. Sirve de inmediato para disfrutar de este nutritivo jugo.

14. Jugo Detox Supremo de Juice Master

Ingredientes:
- 2 manzanas (Golden Delicious o Royal Gala)
- 1/4 de pepino
- 1 tallo de apio
- Un pequeño puñado de espinacas
- Cubitos de hielo
- 1 cucharadita colmada de Power Greens (o un puñado de hojas verdes variadas)

Preparación:
1. Extrae el jugo de las manzanas, el pepino, el apio y las espinacas utilizando un extractor de jugos.
2. Transfiere el jugo a una licuadora, añade el hielo y los Power Greens (o las hojas verdes).
3. Licúa hasta obtener una mezcla homogénea y suave. Sirve y disfruta de este refrescante jugo detox.

15. Receta de Jugo Vitalizante Super Chute

Ingredientes:
- 2 manzanas (Golden Delicious o Royal Gala)
- Un trozo pequeño de zanahoria
- 1/2 tallo de apio

Un puñado grande de hojas verdes variadas
Unas rodajas de pepino de aproximadamente 1 pulgada
1/2 tallo de brócoli
Un puñado pequeño de brotes de alfalfa
Una rodaja de ¼ de pulgada de remolacha cruda
Una rodaja de ¼ de pulgada de calabacín
Un trozo pequeño de limón (con cáscara si es posible)
Una rodaja de jengibre de ¼ de pulgada
Dos cubitos de hielo

Preparación:

. Si tienes un exprimidor de frutas enteras Philips, introduce una manzana, seguido de todos los ingredientes, terminando con la otra manzana.
. Activa el exprimidor a máxima velocidad y procesa. Vierte el jugo sobre los cubitos de hielo y disfruta.
. Sin un exprimidor de frutas enteras, corta los ingredientes al tamaño adecuado para tu exprimidor y procesa como de costumbre.

19. Jugo Turbo Express

Ingredientes:
1/4 de piña pequeña
1/2 tallo de apio
Un trozo de pepino de 1 pulgada
Un puñado pequeño de espinacas frescas
Un trozo pequeño de lima pelada
2 manzanas (Golden Delicious o Royal Gala)
1/4 de aguacate maduro
Cubos de hielo

Preparación:

.. Exprime la piña, el apio, el pepino, las espinacas, la lima y las manzanas. Si usas un exprimidor Philips, coloca una manzana en la base, luego los ingredientes, y termina con la otra manzana.
2. Traslada la pulpa del aguacate a la licuadora junto con el jugo y hielo.
3. Licúa hasta conseguir una mezcla suave. Sirve y disfruta de este energizante jugo.

20. Jugo Especiado y Reconfortante de Manzana con Canela

Ingredientes:
- 3 manzanas frescas
- Una generosa pizca de canela en polvo

Preparación:

4. Utiliza un exprimidor para extraer el jugo de las manzanas.
5. Traslada el jugo de manzana a una cacerola y caliéntalo a fuego lento, asegurándote de no llevarlo a ebullición para preservar los sabores naturales.
6. Cuando el jugo esté caliente (pero sin hervir), viértelo en una taza.
7. Añade una pizca generosa de canela en polvo al jugo caliente y mezcla bien.

Jugos a base de Melón

El jugo de melón es una opción refrescante y llena de beneficios para la salud. Aquí te presento algunas razones por las cuales deberías considerar agregarlo a tu dieta:

- **Hidratación:** El melón es conocido por su alto contenido de agua, lo que lo convierte en un excelente aliado para mantenerse hidratado durante todo el día. Además, aporta vitaminas A, B, C y E, ácido fólico y minerales como calcio, hierro y potasio.
- **Antioxidantes naturales:** El jugo de melón contiene vitamina C y betacarotenos, que ayudan a combatir el estrés oxidativo en el cuerpo. Estos antioxidantes reducen la inflamación y protegen las células contra daños causados por factores externos, fortaleciendo así el sistema inmunológico y previniendo enfermedades crónicas.
- **Digestión saludable:** La fibra presente en el jugo de melón favorece la salud digestiva y previene el estreñimiento. Además, promueve la regularidad intestinal y contribuye a la pérdida de peso al proporcionar una sensación de saciedad y controlar el apetito.
- **Regulación de la presión arterial:** El melón contiene potasio, un mineral esencial para la salud cardiovascular. Ayuda a mantener la presión arterial en un estado óptimo y reduce el riesgo de enfermedades del corazón.
- **Reposición de electrolitos:** Además de ser una fuente de hidratación, el melón es rico en electrolitos esenciales como el potasio y el sodio. Estos minerales son cruciales para mantener el equilibrio hídrico en el cuerpo y el funcionamiento adecuado de los músculos y nervios.

En resumen, el jugo de melón no solo es delicioso, sino que también aporta una variedad de nutrientes beneficiosos para tu salud. ¡A disfrutar de esta refrescante bebida!

21. Clásico Jugo de Melón

Ingredientes:
- 2 tazas de melón (cantalupo o honeydew) en cubos
- 1 taza de agua fría
- Jugo de 1 limón
- Miel al gusto

Preparación:
1. Licúa todos los ingredientes hasta lograr una consistencia suave. Refrigera hasta que esté bien frío y sirve.

22. Jugo Verde de Melón

Ingredientes:
- 1 taza de melón en cubos
- 1 taza de espinacas frescas
- 1 manzana verde, cortada
- 1/2 pepino, cortado
- Agua, al gusto

Preparación:
1. Procesa todos los ingredientes en la licuadora hasta obtener un líquido homogéneo. Consume de inmediato para disfrutar de su frescura.

23. Jugo Tropical de Melón

Ingredientes:
- 1 taza de melón en cubos
- 1 taza de piña en cubos
- Jugo de 1 naranja
- 1/2 taza de agua de coco

Preparación:
1. Mezcla todos los ingredientes en la licuadora hasta alcanzar una textura suave. Sirve bien frío para un efecto refrescante.

24. Jugo de Melón y Fresa

Ingredientes:
- 1 taza de melón en cubos
- 1 taza de fresas
- Jugo de 1/2 limón
- Agua, al gusto

Preparación:
1. Combina todos los ingredientes en la licuadora y mezcla hasta suavizar. Sirve sobre hielo.

25. Jugo de Melón y Menta

Ingredientes:
- 2 tazas de melón en cubos
- 1/4 taza de hojas de menta fresca
- 1 taza de agua
- Miel al gusto

Preparación:
1. Licúa el melón con la menta y el agua. Añade miel según prefieras. Sirve bien frío.

26. Jugo de Melón, Zanahoria y Naranja

Ingredientes:
- 1 taza de melón en cubos
- 2 zanahorias grandes
- Jugo de 2 naranjas
- Agua, si es necesario

Preparación:
1. Licúa todos los ingredientes hasta lograr una mezcla uniforme. Bebe inmediatamente.

27. Jugo de Melón y Kiwi

Ingredientes:
- 1 taza de melón en cubos
- 2 kiwis pelados
- 1 taza de agua fría
- Miel al gusto

Preparación:
1. Licúa el melón, los kiwis y el agua. Dulcifica con miel y sirve con hielo.

28. Jugo de Melón y Sandía

Ingredientes:
- 1 taza de melón en cubos
- 2 tazas de sandía sin semillas
- Jugo de 1 lima

Preparación:
1. Mezcla todos los ingredientes hasta obtener una textura lisa. Sirve fresco para maximizar el sabor.

29. Jugo de Melón, Pepino y Apio

Ingredientes:
- 1 taza de melón en cubos
- 1 pepino pequeño
- 2 tallos de apio
- 1/2 taza de agua

Preparación:
1. Licúa todos los ingredientes hasta conseguir una consistencia homogénea. Refrigera y sirve frío.

30. Jugo Energético de Melón

Ingredientes:
- 1 taza de melón en cubos

- 1/2 taza de yogur natural
- 1 cucharada de semillas de chía
- Miel al gusto

Preparación:
1. Combina el melón y el yogur en la licuadora hasta suavizar. Incorpora las semillas de chía y miel a tu gusto. Sirve de inmediato.

Jugos a base de Apio

El jugo de apio es una bebida refrescante y saludable que ofrece varios beneficios para la salud. Aquí tienes algunos de los principales beneficios asociados con el jugo de apio:

- **Rico en vitamina C:** El jugo de apio es una excelente fuente de vitamina C, también conocida como ácido ascórbico. Esta vitamina es esencial para el sistema inmunológico y está involucrada en funciones como la formación de colágeno, la absorción de hierro y el mantenimiento de huesos y dientes. Consumir vitamina C regularmente puede reducir el riesgo de enfermedades crónicas al estimular el sistema inmunológico.
- **Efectos antiinflamatorios:** El apio contiene polisacáridos, antioxidantes y fitoesteroles que ayudan a combatir la inflamación en el cuerpo. Esto puede ser beneficioso para enfermedades como la artritis, enfermedades cardíacas, acné y eccema.
- **Potencial anticancerígeno:** El jugo de apio contiene flavonoides bioactivos, que actúan como antioxidantes en el cuerpo humano. Además de reducir el riesgo de cáncer, estos flavonoides también disminuyen el riesgo de enfermedades cardiovasculares.
- **Rico en vitamina K:** La vitamina K es esencial para la salud ósea y el corazón. Ayuda en la coagulación sanguínea, el metabolismo óseo y la regulación de los niveles de calcio en la sangre.
- **Mejora la digestión y reduce la hinchazón:** El jugo de apio tiene propiedades diuréticas, lo que ayuda a eliminar el exceso de sal y agua del cuerpo. Esto puede mejorar la digestión y reducir la hinchazón abdominal.
- **Promueve un corazón saludable:** El consumo de jugo de apio puede prevenir derrames cerebrales, acumulación de placa en las arterias e hipertensión.

En resumen, el jugo de apio es una bebida versátil que puedes disfrutar en diferentes presentaciones, como crudo, en jugos, sopas o cremas. ¡Aprovecha sus beneficios para tu salud!

31. Jugo Verde Detox

Ingredientes:
- 2 tallos de apio
- 1 manzana verde
- 1/2 pepino
- Un puñado de espinacas
- 1 limón (jugo)

Preparación:
1. Licúa todos los ingredientes hasta obtener una mezcla homogénea. Sirve de inmediato para aprovechar todos sus nutrientes.

32. Energizante de Apio y Cítricos

Ingredientes:
- 3 tallos de apio
- 2 naranjas (jugo)
- 1/2 limón (jugo)
- 1 zanahoria

Preparación:
1. Extrae el jugo de las naranjas y el limón. Licúa este jugo junto con el apio y la zanahoria hasta que quede suave.

33. Jugo de Apio y Remolacha

Ingredientes:
- 2 tallos de apio
- 1 remolacha pequeña
- 1 manzana
- 1/2 limón (jugo)

Preparación:
1. Licúa todos los ingredientes y sirve este poderoso antioxidante natural inmediatamente.

34. Refresco Tropical de Apio

Ingredientes:
- 2 tallos de apio
- 1 taza de piña en trozos
- 1 mango pequeño
- 1/2 limón (jugo)

Preparación:
1. Combina todos los ingredientes en la licuadora hasta obtener una consistencia suave. Disfruta de este jugo tropical bien frío.

35. Hidratante Natural de Apio y Pepino

Ingredientes:
- 3 tallos de apio
- 1 pepino entero
- 1 manzana
- Menta al gusto

Preparación:
1. Licúa el apio, pepino y manzana hasta lograr un líquido suave. Añade menta al final para un frescor extra.

36. Jugo Purificador de Apio y Jengibre

Ingredientes:
- 2 tallos de apio
- 1 manzana
- 1 pequeño trozo de jengibre (al gusto)
- 1/2 limón (jugo)

Preparación:
1. Procesa todos los ingredientes en la licuadora hasta que estén completamente integrados. Este jugo es ideal para empezar el día con energía.

37. Vitalidad de Apio y Manzana

Ingredientes:
- 3 tallos de apio
- 2 manzanas
- 1 zanahoria
- 1/2 limón (jugo)

Preparación:
1. Licúa todos los ingredientes para un jugo lleno de vitalidad y nutrientes esenciales.

38. Frescura de Apio y Sandía

Ingredientes:
- 2 tallos de apio
- 2 tazas de sandía en cubos
- Menta al gusto

Preparación:
1. Mezcla todos los ingredientes en la licuadora hasta obtener un jugo refrescante y perfecto para el verano.

39. Jugo Digestivo de Apio y Pera

Ingredientes:
- 2 tallos de apio
- 2 peras
- 1/2 limón (jugo)
- Un toque de canela (opcional)

Preparación:
1. Licúa el apio, las peras y el jugo de limón hasta obtener una mezcla homogénea. Añade un toque de canela para mejorar la digestión.

40. Clásico de Apio y Zanahoria

Ingredientes:
- 3 tallos de apio
- 3 zanahorias
- 1 manzana
- 1/2 limón (jugo)

Preparación:
1. Licúa todos los ingredientes hasta conseguir un jugo suave. Este clásico jugo es ideal para cualquier momento del día.

Jugos a base de Manzana Verde

Los jugos naturales a base de manzana verde ofrecen una serie de beneficios para la salud. Aquí te presento algunos de ellos:

- **Nutrición Abundante:** Los jugos verdes, como el de manzana verde, son ricos en nutrientes esenciales. Contienen vitaminas, minerales y antioxidantes que contribuyen a una vida saludable y equilibrada.
- **Consumo de Vegetales:** El jugo verde te ayuda a alcanzar la cantidad recomendada de vegetales al día. La Organización Mundial de la Salud (OMS) sugiere 400 gramos de verduras y frutas diariamente, y el jugo verde puede ayudarte a cumplir con esta cuota.
- **Mejor que los Jugos de Frutas:** A diferencia de los jugos de frutas, el jugo verde tiene menos azúcar y no elimina la fibra. La manzana verde, en particular, es una buena opción debido a su alto contenido de fitoquímicos y menor cantidad de azúcar.
- **Salud Mental:** Una alimentación saludable influye en nuestro bienestar general. Consumir jugo verde puede contribuir a una mejor salud mental, ya que está relacionado con una dieta equilibrada y un mayor bienestar.
- **Desintoxicación y Energía:** El jugo verde ayuda a oxigenar el organismo, activar la circulación sanguínea, combatir bacterias y proporcionar energía natural. También alcaliniza la sangre y fortalece el sistema inmunológico.
- **Beneficios para la Piel:** La manzana verde contiene flavonoides y vitamina C, lo que la hace beneficiosa para la piel y la digestión.

En resumen, el jugo verde es una excelente adición a una dieta balanceada y puede aportar múltiples beneficios para la salud. ¡Así que a disfrutar de un vaso de jugo verde de manzana!

41. Jugo Verde Detox

Ingredientes:
- 2 manzanas verdes
- 1 pepino
- 1 manojo de espinacas
- El jugo de 1 limón

Preparación:
1. Lava y corta las manzanas y el pepino.
2. Licúa todos los ingredientes hasta obtener una mezcla homogénea.
3. Sirve inmediatamente.

42. Jugo de Manzana y Zanahoria

Ingredientes:
- 2 manzanas verdes
- 4 zanahorias
- 1 pedazo de jengibre (2 cm)

Preparación:
1. Lava, pela y corta las zanahorias y las manzanas.
2. Licúa todos los ingredientes y sirve fresco.

43. Jugo de Manzana y Arándanos

Ingredientes:
- 2 manzanas verdes
- 1 taza de arándanos
- 1 naranja

Preparación:
1. Exprime la naranja para obtener su jugo.
2. Licúa el jugo de naranja con las manzanas y los arándanos.
3. Sirve frío.

44. Jugo Refrescante de Manzana y Pepino

Ingredientes:
- 2 manzanas verdes
- 1 pepino grande
- El jugo de 1 lima

Preparación:
1. Corta las manzanas y el pepino en trozos.
2. Licúa con el jugo de lima y sirve con hielo.

45. Jugo de Manzana Verde y Kiwi

Ingredientes:
- 2 manzanas verdes
- 2 kiwis
- 1/2 taza de agua

Preparación:
1. Pela los kiwis y corta las manzanas.
2. Licúa todos los ingredientes hasta obtener un jugo suave.
3. Sirve fresco.

46. Jugo Tropical de Manzana y Piña

Ingredientes:
- 2 manzanas verdes
- 2 rodajas de piña
- 1 mango

Preparación:
1. Corta todas las frutas en trozos.
2. Licúa y sirve inmediatamente.
3.

47. Jugo de Manzana, Apio y Limón

Ingredientes:
- 2 manzanas verdes
- 2 tallos de apio
- El jugo de 2 limones

Preparación:
1. Lava y corta las manzanas y el apio.
2. Licúa los ingredientes con el jugo de limón y sirve.

48. Jugo de Manzana Verde y Menta

Ingredientes:
- 2 manzanas verdes
- 1 taza de hojas de menta fresca
- 1 limón (su jugo)

Preparación:
1. Lava las manzanas y la menta.
2. Licúa todo con el jugo de limón y disfruta.

49. Jugo Manzana, Remolacha y Jengibre

Ingredientes:
- 2 manzanas verdes
- 1 remolacha pequeña
- 1 pedazo de jengibre (2 cm)

Preparación:
1. Pela y corta la remolacha y el jengibre.
2. Licúa con las manzanas y sirve de inmediato.

50. Jugo Digestivo de Manzana y Aloe Vera

Ingredientes:
- 2 manzanas verdes
- 2 cucharadas de gel de aloe vera
- 1 pepino

Preparación:
1. Extrae el gel de aloe vera de una hoja fresca.
2. Corta las manzanas y el pepino en trozos.
3. Licúa todos los ingredientes y consume al instante.

Jugos a base de Pepino

El jugo de pepino es una opción refrescante y saludable que ofrece varios beneficios para tu bienestar. Aquí te presento algunos de los más destacados:

- **Fuente de Vitamina A:** El jugo de pepino, obtenido de un pepino completo sin piel ni semillas, es rico en vitamina A. Esta vitamina tiene múltiples funciones, como mejorar la salud visual, favorecer el crecimiento óseo, mantener la salud del sistema respiratorio y promover el funcionamiento adecuado del tracto urinario y gastrointestinal.
- **Energía Sostenible:** Gracias a su alto contenido de vitaminas del grupo B, el jugo de pepino es una bebida energética ideal. Un vaso de este jugo proporciona más nutrientes y energía que muchas alternativas comerciales. Además, su mayor componente es agua, lo que garantiza hidratación con un mínimo de calorías.
- **Fibra Dietética:** El jugo de pepino es una fuente significativa de fibra dietética, esencial para mejorar la digestión y mantener un peso saludable. Consumir fibra regularmente ayuda a prevenir el estreñimiento, problemas en el colon y hemorroides. Además, contribuye a niveles óptimos de azúcar y colesterol.
- **Regulación de la Temperatura Corporal:** El pepino es conocido por su capacidad para ayudar a regular la temperatura corporal. Esto es especialmente útil en climas cálidos o durante el ejercicio físico.
- **Restauración del pH:** El jugo de pepino puede ayudar a restaurar los niveles de pH en el cuerpo, contribuyendo a un ambiente más alcalino y saludable.
- **Otros Beneficios:** Además de los mencionados, el jugo de pepino también aporta sodio y potasio, y puede ayudarte a mantener un aliento fresco.

En resumen, incluir el jugo de pepino en tu dieta puede ser una excelente manera de beneficiar tu salud y mantenerte hidratado. ¡Aprovecha sus propiedades y disfruta de esta bebida refrescante!

51. Jugo Verde Detox

Ingredientes:
- 1 pepino grande
- 2 manzanas verdes
- 1 puñado de espinacas
- 1/2 limón (jugo)
- 1 trozo pequeño de jengibre

Preparación:
1. Lava y corta el pepino y las manzanas en trozos.
2. Agrega todos los ingredientes en el extractor de jugos.
3. Sirve inmediatamente para aprovechar todos sus nutrientes.

52. Agua Fresca de Pepino y Limón

Ingredientes:
- 1 pepino mediano
- El jugo de 2 limones
- 1 litro de agua
- Endulzante al gusto

Preparación:
1. Pela y corta el pepino en rodajas finas.
2. En una jarra, combina el agua, el jugo de limón y el endulzante.
3. Añade las rodajas de pepino.
4. Refrigera por al menos 2 horas antes de servir.

53. Jugo de Pepino y Piña

Ingredientes:
- 1 pepino grande
- 2 rodajas de piña
- 1/2 limón (jugo)

Preparación:
1. Pela el pepino y la piña, y córtalos en trozos.
2. Licúa todos los ingredientes hasta obtener un jugo homogéneo.
3. Sirve frío.

54. Smoothie de Pepino y Menta

Ingredientes:
- 1 pepino grande
- 1 taza de hojas de menta fresca
- 1/2 taza de yogur natural
- Hielo al gusto

Preparación:
Lava el pepino y córtalo en trozos.
Mezcla todos los ingredientes en la licuadora hasta que esté suave.
Sirve inmediatamente.

55. Jugo de Pepino, Apio y Manzana

Ingredientes:
- 1 pepino grande
- 2 tallos de apio
- 1 manzana verde
- 1/2 limón (jugo)

Preparación:
1. Lava y corta todos los ingredientes en trozos pequeños.
2. Extrae el jugo utilizando un extractor de jugos o licuadora.
3. Sirve el jugo fresco.

56. Refresco de Sandía y Pepino

Ingredientes:
- 2 tazas de sandía sin semillas
- 1 pepino grande
- 1/2 limón (jugo)
- Hielo al gusto

Preparación:
1. Corta la sandía y el pepino en trozos.
2. Licúa la sandía, el pepino y el jugo de limón
3. Añade hielo y sirve bien frío.

57. Jugo de Pepino, Zanahoria y Naranja

Ingredientes:
- 1 pepino grande
- 2 zanahorias grandes
- El jugo de 2 naranjas

Preparación:
1. Lava y prepara los ingredientes cortándolos en trozos pequeños.
2. Extrae el jugo de todos los ingredientes y mezcla bien.
3. Sirve de inmediato.

58. Jugo Refrescante de Pepino y Kiwi

Ingredientes:
- 1 pepino grande
- 2 kiwis
- 1/2 limón (jugo)
- Hielo al gusto

Preparación:
1. Pela y corta el pepino y los kiwis en trozos.
2. Licúa todos los ingredientes hasta lograr una mezcla homogénea.
3. Sirve inmediatamente con hielo.

59. Agua de Pepino con Hierbabuena

Ingredientes:
- 1 pepino grande
- 10 hojas de hierbabuena
- 1 litro de agua
- El jugo de 1 limón
- Endulzante al gusto

Preparación:
1. Corta el pepino en rodajas finas.
2. En una jarra grande, mezcla el agua con el jugo de limón y el endulzante.
3. Añade las rodajas de pepino y las hojas de hierbas.

60. Batido de Aguacate y Bayas

Ingredientes:
- 1 aguacate maduro
- 1 taza de bayas mixtas (fresas, arándanos, frambuesas, moras)
- 1 plátano maduro
- 1 taza de espinacas frescas
- 1 taza de leche de almendras (o cualquier leche vegetal de preferencia)
- 1 cucharada de semillas de chía
- Miel al gusto (opcional)

Preparación
1. Corta el aguacate por la mitad, retira el hueso y extrae la pulpa.
2. Lava las bayas y las espinacas bajo agua fría.
3. Coloca el aguacate, las bayas, el plátano, las espinacas, la leche de almendras y las semillas de chía en la licuadora.
4. Licúa hasta obtener una mezcla suave y homogénea. Si deseas, añade miel al gusto para endulzar.
5. Sirve inmediatamente en un vaso grande. Este batido es perfecto para un desayuno nutritivo o como un snack lleno de antioxidantes.

Jugos a base de Limón

El jugo de limón es una bebida que ofrece una variedad de beneficios para la salud debido a sus propiedades nutricionales. A continuación, te presento algunos de los beneficios científicamente comprobados:

- **Fortalece el sistema inmunológico:** Gracias a su alta carga de vitamina C, el jugo de limón funciona como un antioxidante que protege al cuerpo contra enfermedades y virus, especialmente aquellos que afectan las vías respiratorias1.
- **Evita el daño celular:** Además de la vitamina C, el limón contiene otros antioxidantes como flavonoides, que ayudan a neutralizar los radicales libres. Estos compuestos son responsables del daño celular y pueden contribuir a enfermedades como la arteriosclerosis, la hipertensión arterial y el cáncer1.
- **Limpia las vías urinarias, el hígado y los riñones:** El jugo de limón tiene propiedades diuréticas suaves, lo que ayuda a eliminar toxinas del cuerpo y prevenir la formación de cálculos renales. También mejora el funcionamiento del hígado y los riñones debido a su alto contenido de minerales como calcio y potasio.
- **Evita el envejecimiento prematuro:** Además de proteger las células, el jugo de limón contiene antioxidantes que pueden contribuir a tener una piel más saludable, reduciendo la aparición de arrugas y acné.
- **Protege tu corazón:** Algunos estudios sugieren que la carga de antioxidantes y flavonoides en cítricos como el limón puede mejorar el estado del corazón y el funcionamiento de marcadores de salud metabólica, como la tolerancia a la glucosa y la sensibilidad a la insulina.

En resumen, incorporar jugo de limón en tu dieta diaria puede ser beneficioso para tu salud. Sin embargo, recuerda que los efectos pueden variar según la cantidad que consumas y tu salud general1. ¡Así que exprime un limón y disfruta de sus beneficios!

61. Jugo de Limón y Menta

Ingredientes:
- 4 limones
- 10 hojas de menta fresca
- 1 litro de agua
- Miel al gusto

Preparación:
1. Exprime los limones para obtener su jugo.
2. En una jarra grande, mezcla el jugo de limón con el agua.
3. Añade las hojas de menta y la miel al gusto.
4. Refrigera por al menos una hora antes de servir.

62. Limonada de Fresa

Ingredientes:
- 1 taza de fresas
- 3 limones
- 1 litro de agua
- Azúcar al gusto

Preparación:
1. Lava y corta las fresas en mitades.
2. Exprime los limones.
3. En la licuadora, combina las fresas, el jugo de limón, el agua y el azúcar.
4. Sirve frío.

63. Agua de Cítricos

Ingredientes:
- 2 limones
- 2 naranjas
- 1 litro de agua
- Miel al gusto

Preparación:
1. Exprime los limones y las naranjas.
2. Mezcla los jugos con el agua en una jarra grande.
3. Endulza con miel al gusto.
4. Sirve con hielo.

64. Jugo Verde Detox

Ingredientes:
- 1 limón
- 1 pepino
- 2 manzanas verdes
- 1 manojo de espinacas
- 1 trozo de jengibre

Preparación:
1. Lava y corta todas las frutas y verduras.
2. Exprime el limón.
3. Licúa todos los ingredientes hasta obtener una mezcla homogénea.
4. Sirve inmediatamente.

65. Refresco de Sandía y Limón

Ingredientes:
- 2 tazas de sandía sin semillas
- 2 limones
- 1 litro de agua
- Azúcar al gusto

Preparación:
1. Licúa la sandía hasta obtener un puré.
2. Exprime los limones y mezcla el jugo con el puré de sandía.
3. Añade agua y azúcar al gusto.
4. Sirve frío con hielo.

66. Té Helado de Limón

Ingredientes:
4 bolsitas de té negro
4 tazas de agua caliente
2 limones
Miel al gusto

Preparación:
1. Prepara el té en el agua caliente y deja enfriar.
2. Exprime los limones y añade el jugo al té.
3. Endulza con miel y sirve con mucho hielo.

67. Jugo de Zanahoria y Limón

Ingredientes:
- 4 zanahorias
- 2 limones
- 1 litro de agua
- Miel al gusto

Preparación:
1. Lava y corta las zanahorias.
2. Exprime los limones.
3. Licúa las zanahorias con el agua y el jugo de limón.
4. Endulza con miel y sirve frío.

68. Limonada de Coco

Ingredientes:
- 3 limones
- 1 litro de agua de coco
- Miel al gusto

Preparación:
1. Exprime los limones.
2. Mezcla el jugo de limón con el agua de coco.
3. Añade miel al gusto y sirve con hielo.

69. Jugo de Pepino, Limón y Menta

Ingredientes:
- 1 pepino
- 2 limones
- 10 hojas de menta fresca
- 1 litro de agua
- Azúcar al gusto

Preparación:
1. Lava y corta el pepino.
2. Exprime los limones.
3. Licúa el pepino, jugo de limón, agua y azúcar.
4. Añade las hojas de menta y sirve con hielo

70. Batido de Aguacate y Cítricos

Ingredientes:
- 1 aguacate maduro
- El jugo de 1 naranja grande
- El jugo de 1 lima
- 1/2 taza de agua fría o al gusto
- Miel o agave al gusto (opcional)
- Unas hojas de menta fresca para decorar

Preparación:
1. Corta el aguacate por la mitad, retira el hueso y extrae la pulpa con una cuchara.
2. Exprime la naranja y la lima para obtener su jugo.
3. En la licuadora, combina la pulpa de aguacate, los jugos de naranja y lima, y el agua fría. Si prefieres un batido más dulce, puedes añadir miel o agave al gusto.
4. Licúa hasta obtener una mezcla homogénea y cremosa. Si está demasiado espeso para tu gusto, puedes añadir un poco más de agua.
5. Sirve inmediatamente, decorando con unas hojas de menta fresca para un toque de frescor adicional.

Jugos a base de Piña

El jugo de piña es una bebida deliciosa y refrescante que también aporta varios beneficios para la salud. Aquí te presento algunos de los beneficios más destacados:

- **Bueno para la digestión:** El jugo de piña contiene una enzima llamada bromelina, que ayuda a descomponer las proteínas complejas. Esto lo convierte en un excelente ablandador de carne. Además, su contenido de fibra soluble e insoluble contribuye a mantener un intestino saludable, previniendo el estreñimiento y la acumulación de gases.
- **Tratamiento de la colitis ulcerativa:** La bromelina también ha demostrado ser eficaz en el tratamiento de enfermedades digestivas relacionadas con la inflamación, como el síndrome del intestino irritable (SII). En estudios con ratones, se observó que reduce la incidencia y la intensidad de la colitis.
- **Alivio del dolor de la artritis:** La bromelina tiene propiedades antiinflamatorias que pueden ayudar a reducir la hinchazón y el dolor en personas con artritis2.
- **Beneficios para el corazón:** El jugo de piña es rico en vitamina C, que es un antioxidante importante para la salud cardiovascular. También contiene manganeso, que favorece la producción de energía enzimática.
- **Apoyo contra la tos y la sinusitis:** La bromelina puede ayudar a aliviar la congestión y la inflamación en las vías respiratorias, lo que puede ser beneficioso para tratar la tos y la sinusitis.
- **Remedio contra el asma:** Aunque se necesita más investigación, algunos estudios sugieren que la bromelina podría tener efectos positivos en las personas con asma.
- **Fortalecimiento de los huesos:** El jugo de piña contiene minerales como el calcio, el fósforo y el potasio, que son esenciales para la salud ósea.
- **Potencial anticancerígeno:** Aunque se requiere más investigación, algunos estudios sugieren que la bromelina podría tener propiedades anticancerígenas.

En resumen, disfrutar de un vaso de jugo de piña no solo es delicioso, sino también beneficioso para tu salud. ¡Así que sigue disfrutando de las piñas coladas y aprovecha sus propiedades nutritivas!

71. Jugo Tropical de Piña y Naranja

Ingredientes:
- 1 taza de piña en trozos
- 2 naranjas, el jugo
- 1/2 taza de agua (opcional, para ajustar consistencia)

Preparación:
1. Extrae el jugo de las naranjas.
2. Licúa la piña con el jugo de naranja hasta obtener una mezcla homogénea.
3. Si lo deseas, añade agua para ajustar la consistencia. Sirve fresco.

72. Refresco de Piña y Pepino

Ingredientes:
- 1 taza de piña en trozos
- 1 pepino grande, pelado y en trozos
- Agua de coco al gusto para diluir

Preparación:
Licúa la piña y el pepino juntos hasta que estén bien combinados. Añade agua de coco al gusto para obtener la consistencia deseada. Sirve frío.

73. Jugo Verde de Piña

Ingredientes:
- 1 taza de piña en trozos
- 1 manojo de espinacas frescas
- 1 manzana verde, en trozos
- 1/2 taza de agua

Preparación:
1. Combina todos los ingredientes en la licuadora y procesa hasta obtener un líquido suave.
2. Si es necesario, pasa el jugo por un colador. Sirve inmediatamente.

74. Agua Fresca de Piña y Menta

Ingredientes:
- 1 taza de piña en trozos
- 10 hojas de menta fresca
- 1 litro de agua
- Hielo al gusto

Preparación:
1. Tritura ligeramente la piña y las hojas de menta con un poco de agua.
2. Mezcla con el resto del agua y añade hielo. Deja refrigerar por al menos 1 hora antes de servir.

75. Smoothie de Piña y Coco

Ingredientes:
- 1 taza de piña en trozos
- 1/2 taza de leche de coco
- 1/2 plátano (opcional, para añadir dulzura)
- Hielo al gusto

Preparación:
1. Licúa todos los ingredientes hasta que la mezcla sea cremosa y suave. Sirve de inmediato.

76. Jugo de Piña, Zanahoria y Jengibre

Ingredientes:
- 1 taza de piña en trozos
- 2 zanahorias grandes, peladas
- 1/2 pulgada de jengibre fresco
- 1/2 taza de agua

Preparación:
1. Procesa todos los ingredientes en la licuadora hasta obtener una mezcla homogénea. Sirve inmediatamente.

77. Jugo Antioxidante de Piña y Arándanos

Ingredientes:
- 1 taza de piña en trozos
- 1/2 taza de arándanos frescos o congelados
- 1 manzana, en trozos
- 1/2 taza de agua

Preparación:
1. Licúa todos los ingredientes hasta lograr un jugo homogéneo. Sirve fresco.

78. Refresco de Piña y Limón

Ingredientes:
- 1 taza de piña en trozos
- El jugo de 2 limones
- 1 litro de agua
- Endulzante al gusto

Preparación:
1. Licúa la piña con el jugo de limón y un poco de agua.
2. Mezcla con el resto del agua y endulza al gusto. Refrigera antes de servir.

79. Jugo de Piña y Kiwi

Ingredientes:
- 1 taza de piña en trozos
- 2 kiwis, pelados y en trozos
- 1/2 taza de agua

Preparación:
1. Procesa todos los ingredientes en la licuadora hasta que estén bien combinados. Sirve de inmediato.

Jugos a base de jengibre

El jugo de jengibre es una bebida saludable que ofrece varios beneficios para la salud. Aquí te presento siete beneficios de beber jugo de jengibre:

- **Mejora la digestión:** Los aceites volátiles en el jugo de jengibre estimulan las papilas gustativas y aumentan la producción de jugos digestivos. Además, actúa como un agente de purificación en la boca.
- **Alivia el resfriado y la congestión:** Mezclar jugo de jengibre con pimienta molida puede reducir la mucosidad y descongestionar las vías respiratorias. Para superar rápidamente un resfriado, mezcla partes iguales de jugo de jengibre con miel de abejas cruda, caliéntalo y bébelo tibio 2 o 3 veces al día. El jugo puro también alivia el dolor de garganta asociado al resfriado y la gripe.
- **Es analgésico y antiinflamatorio:** El jugo de jengibre calma dolores y reduce inflamaciones debido a sus compuestos analgésicos y desinflamantes. Puedes masajear áreas adoloridas con una mezcla de jugo de jengibre y un toque de aceite de oliva. También alivia dolores dentales y migrañas. Para el dolor de cabeza de la sinusitis, puedes preparar una infusión humeante con jengibre fresco o su jugo, inhalar los vapores y añadir miel y jugo de limón.
- **Ayuda a controlar la presión arterial alta:** Los compuestos del jugo de jengibre contribuyen a reducir la alta presión arterial y disuelven las moléculas de colesterol malo, evitando la acumulación de grasas dañinas que causan enfermedades cardíacas.
- **Elimina el mal aliento:** El jengibre tiene propiedades antibacterianas que pueden ayudar a combatir el mal aliento.
- **Ayuda a curar el acné y favorece la salud de la piel:** El jugo de jengibre puede ser beneficioso para la piel debido a sus propiedades antiinflamatorias y antioxidantes.
- **Promueve el crecimiento del cabello:** Algunos estudios sugieren que el jengibre puede estimular el crecimiento del cabello y mejorar su salud.

En resumen, el jugo de jengibre es una opción saludable que puedes incorporar en tu dieta para aprovechar estos beneficios. ¡Anímate a prepararlo y disfrutar de sus propiedades!

80. Jugo de Manzana y Jengibre

Ingredientes:
- 2 manzanas grandes
- 1 cm de jengibre fresco
- 1/2 limón, el jugo

Preparación:
1. Lava las manzanas y córtalas en trozos.
2. Pela y corta el jengibre en rodajas finas.
3. Exprime el jugo de medio limón.
4. Procesa las manzanas y el jengibre en el extractor de jugos.
5. Mezcla con el jugo de limón y sirve.

81. Jugo Verde Detox

Ingredientes:
- 1 puñado de espinacas
- 1 manzana verde
- 1/2 pepino
- 1 cm de jengibre fresco
- 1 ramita de menta fresca

Preparación:
1. Lava todos los vegetales y frutas.
2. Pela y corta en trozos pequeños el pepino, la manzana y el jengibre.
3. Procesa todos los ingredientes en el extractor de jugos.
4. Sirve inmediatamente para mantener sus propiedades.

82. Jugo Tropical de Piña y Jengibre

Ingredientes:
- 2 rodajas de piña
- 1 cm de jengibre fresco
- 1 naranja

Preparación:
1. Pela y trocea la piña.
2. Pela y corta el jengibre en pequeños pedazos.

3. Exprime el jugo de la naranja.
4. Combina todos los ingredientes en el extractor de jugos.
5. Sirve fresco.

83. Jugo de Zanahoria, Naranja y Jengibre

Ingredientes:
- 3 zanahorias
- 2 naranjas
- 1 cm de jengibre fresco

Preparación:
1. Lava y pela las zanahorias.
2. Exprime el jugo de las naranjas.
3. Pela y corta el jengibre.
4. Procesa las zanahorias y el jengibre, luego mezcla con el jugo de naranja.
5. Sirve bien frío.

84. Jugo Antioxidante de Remolacha y Jengibre

Ingredientes:
- 1 remolacha pequeña
- 1 manzana
- 1 cm de jengibre fresco
- 1/2 limón, el jugo

Preparación:
1. Pela y corta la remolacha y la manzana.
2. Pela y corta el jengibre.
3. Procesa la remolacha, la manzana y el jengibre en el extractor.
4. Agrega el jugo de limón y sirve inmediatamente.

85. Jugo Refrescante de Pepino y Jengibre

Ingredientes:
- 1 pepino grande
- 1 cm de jengibre fresco

- 1/2 limón, el jugo
- Hojas de menta (opcional)

Preparación:
1. Lava y corta el pepino en trozos.
2. Pela y corta el jengibre.
3. Exprime el jugo de limón.
4. Procesa el pepino y el jengibre, luego mezcla con el jugo de limón.
5. Adorna con hojas de menta al servir.

86. Jugo Energizante de Manzana, Zanahoria y Jengibre

Ingredientes:
- 2 manzanas
- 2 zanahorias
- 1 cm de jengibre fresco

Preparación:
1. Lava y corta las manzanas y zanahorias.
2. Pela y corta el jengibre.
3. Procesa todos los ingredientes y sirve de inmediato.

87. Jugo de Apio, Pepino y Jengibre

Ingredientes:
- 2 tallos de apio
- 1 pepino
- 1 cm de jengibre fresco
- 1/2 limón, el jugo

Preparación

1. Lava y corta en trozos el apio y el pepino.
2. Pela y corta el jengibre.
3. Exprime el jugo de medio limón.
4. Procesa el apio, el pepino y el jengibre en el extractor de jugos.
5. Mezcla con el jugo de limón y disfruta fresco.

88. Jugo de Cítricos y Jengibre

Ingredientes:
- 2 naranjas
- 1 limón
- 1 cm de jengibre fresco
- 1 zanahoria (opcional para añadir dulzura)

Preparación:
1. Exprime el jugo de las naranjas y del limón.
2. Pela y corta el jengibre.
3. Si decides incluir zanahoria, lávala, pélala y córtala en trozos.
4. Procesa el jengibre (y la zanahoria si se utiliza) y mezcla con los jugos cítricos.
5. Sirve inmediatamente para una explosión de sabor y energía.

89. Jugo de Sandía, Fresa y Jengibre

Ingredientes:
- 2 tazas de sandía en cubos
- 1 taza de fresas
- 1 cm de jengibre fresco
- Hojas de menta para decorar

Preparación:
1. Lava las fresas y córtalas por la mitad.
2. Pela y corta el jengibre en trozos pequeños.
3. Procesa la sandía, las fresas y el jengibre en el extractor de jugos o licuadora.
4. Sirve el jugo adornado con hojas de menta fresca.

Jugos a base de Sandía

Los jugos naturales a base de sandía ofrecen una variedad de beneficios para la salud. Aquí te presento algunos de ellos:

- **Beneficioso para el sistema circulatorio:** La sandía contiene una cantidad considerable de citrulina, un aminoácido que se convierte en arginina en nuestro organismo. La arginina es esencial para mejorar el flujo sanguíneo y la circulación por los vasos. Esto puede ayudar a controlar la tensión arterial en momentos de estrés y a reponer los músculos después del ejercicio 1.
- **Vitaminas y minerales:** La sandía es rica en vitamina C, betacaroteno (que se convierte en vitamina A) y vitaminas del grupo B. Además, contiene minerales como potasio, magnesio, hierro y zinc.
- **Antiinflamatorio:** Algunos estudios sugieren que los carotenoides, flavonoides y triterpenoides presentes en el jugo de sandía tienen un efecto antiinflamatorio. Esto hace que la sandía sea ideal para consumir antes del ejercicio, especialmente cuando está madura .
- **Antioxidante:** La sandía contiene licopeno, un poderoso antioxidante que protege contra los radicales libres a nivel cardiovascular. También protege la piel de los daños causados por los rayos UV, lo que ayuda a prevenir arrugas, manchas solares y cáncer de piel .
- **Bueno para los riñones:** El jugo de sandía tiene un efecto purificante que ayuda a eliminar el amoníaco y el ácido úrico del organismo. Es especialmente recomendable en casos de presencia de cálculos renales.
- **Pérdida de peso:** Estudios en animales han demostrado que la arginina (que se forma a partir de la citrulina) interfiere en la acumulación de grasas. Además, el jugo de sandía favorece la hidratación sin aportar muchas calorías, lo que es beneficioso en las dietas de adelgazamiento .

Para preparar jugo de sandía, te recomiendo limpiar la piel para eliminar restos de suciedad o químicos antes de extraer el jugo . ¡Disfruta de esta refrescante bebida y aprovecha sus beneficios para la salud!

90. Jugo de Sandía y Menta

Ingredientes:
- 2 tazas de sandía en cubos
- 10 hojas de menta fresca
- 1 cucharada de jugo de limón

Preparación:
1. Combina la sandía, la menta y el jugo de limón en la licuadora.
2. Licúa hasta obtener una mezcla homogénea.
3. Sirve inmediatamente para disfrutar de su frescura.

91. Agua Fresca de Sandía y Limón

Ingredientes:
- 3 tazas de sandía en cubos
- El jugo de 2 limones
- 2 tazas de agua fría
- Hielo al gusto

Preparación:
1. Licúa la sandía con el agua y el jugo de limón.
2. Sirve sobre hielo en un vaso grande.
3. Añade una rodaja de limón para decorar.

92. Smoothie de Sandía, Piña y Coco

Ingredientes:
- 2 tazas de sandía en cubos
- 1 taza de piña en cubos
- 1/2 taza de leche de coco
- Hielo al gusto

Preparación:
1. Coloca todos los ingredientes en la licuadora.
2. Licúa hasta que la mezcla esté suave y cremosa.
3. Sirve de inmediato para mantener su sabor tropical.

93. Jugo Verde de Sandía y Espinaca

Ingredientes:
- 2 tazas de sandía en cubos
- 1 taza de hojas de espinaca fresca
- 1 manzana verde, cortada y sin semillas
- 1/2 taza de agua

Preparación:
1. Añade todos los ingredientes a la licuadora.
2. Licúa hasta que el jugo esté completamente suave.
3. Sirve de inmediato, ideal para un desayuno energizante.

94. Jugo de Sandía, Pepino y Jengibre

Ingredientes:
- 2 tazas de sandía en cubos
- 1 pepino mediano, pelado y cortado
- 1 cucharadita de jengibre rallado

Preparación:
1. Procesa todos los ingredientes en la licuadora hasta obtener un jugo suave.
2. Si deseas, puedes colarlo para eliminar los restos de pulpa.
3. Sirve frío para una mayor frescura.

95. Jugo de Sandía y Arándanos

Ingredientes:
- 2 tazas de sandía en cubos
- 1/2 taza de arándanos frescos o congelados
- 1 cucharada de miel (opcional)

Preparación:
1. Licúa la sandía y los arándanos hasta que estén completamente integrados.
2. Añade miel al gusto si prefieres un toque más dulce.
3. Sirve inmediatamente para aprovechar sus antioxidantes.

96. Jugo Refrescante de Sandía, Naranja y Zanahoria

Ingredientes:
- 2 tazas de sandía en cubos
- 1 naranja, pelada y segmentada
- 1 zanahoria grande, pelada

Preparación:
1. Coloca todos los ingredientes en la licuadora y procesa hasta obtener un jugo suave.
2. Sirve de inmediato para disfrutar de su dulzura natural y beneficios nutritivos.

97. Jugo de Sandía y Fresa

Ingredientes:
- 2 tazas de sandía en cubos
- 1 taza de fresas frescas, limpias y sin tallo

Preparación:
1. Licúa la sandía y las fresas hasta obtener una mezcla homogénea.
2. Sirve de inmediato, disfrutando de su sabor dulce y refrescante.

98. Jugo Energizante de Sandía y Kiwi

Ingredientes:
- 2 tazas de sandía en cubos
- 2 kiwis, pelados y cortados en trozos
- 1 cucharada de miel (opcional)

Preparación:
1. Añade la sandía, los kiwis y la miel (si se utiliza) en la licuadora.
2. Licúa hasta que la mezcla sea suave y homogénea.
3. Sirve de inmediato para disfrutar de un jugo lleno de vitaminas y energía.

99. Jugo de Sandía, Lima y Miel

Ingredientes:
- 2 tazas de sandía en cubos
- El jugo de 1 lima
- 1 cucharada de miel (ajusta a gusto)

Preparación:
1. Coloca la sandía, el jugo de lima y la miel en la licuadora.
2. Licúa hasta conseguir un jugo suave.
3. Sirve inmediatamente, ideal para disfrutar de una bebida dulce, ácida y refrescante.

100. Jugo de Aguacate y Cítricos

Ingredientes:
- 1 aguacate maduro, pelado y sin hueso
- El jugo de 1 naranja grande
- El jugo de 1/2 limón
- 1/2 taza de agua de coco
- 1 cucharadita de miel (opcional, para endulzar)
- Hojas de menta fresca para decorar
- Hielo al gusto

Preparación:
1. En la licuadora, combina el aguacate, el jugo de naranja, el jugo de limón y el agua de coco. Si prefieres un toque más dulce, añade una cucharadita de miel.
2. Licúa hasta que la mezcla esté completamente suave y homogénea.
3. Añade hielo al gusto y mezcla brevemente para enfriar la bebida.
4. Sirve en un vaso alto y decora con hojas de menta fresca.
5. Este jugo no solo es deliciosamente refrescante, sino que también está cargado de antioxidantes, grasas saludables y vitaminas, lo que lo hace perfecto para empezar el día con energía o como un revitalizante snack a media tarde. ¡Disfruta de esta bebida nutritiva y llena de sabor!

Jugos a base de Lima

Los juegos naturales a base de lima ofrecen una serie de beneficios para la salud y el bienestar. Aquí te presento algunos de ellos:

- **Hidratación:** Los jugos naturales son excelentes para mantenernos hidratados, ya que contienen aproximadamente un 90% de agua1.
- **Equilibrio del organismo:** Al ser líquidos alcalinos, ayudan a mantener el equilibrio en nuestro cuerpo1.
- **Energía saludable:** Aunque no contienen grasas, aportan azúcares simples que brindan energía1.
- **Absorción de nutrientes:** El cuerpo humano absorbe los nutrientes de estos jugos en un 95%1.
- **Vitaminas y minerales:** Los jugos naturales a base de lima contienen vitaminas A, C y E, que combaten diversas enfermedades. Además, elementos como el hierro, el calcio y el fósforo mejoran el sistema inmunológico12.
- **Prevención de infecciones respiratorias:** Estos jugos son ideales para prevenir infecciones respiratorias y favorecer el crecimiento1.
- **Desintoxicación:** Limpian y purifican el organismo, eliminando toxinas y elementos negativos1.
- **Reconstrucción de tejidos:** Sus nutrientes ayudan a reconstruir los tejidos dañados del sistema1.
- **Propiedades revitalizantes y diuréticas:** Además, son remineralizantes y depurativos1.
- **Variedad y sabor agradable:** La variedad de frutas disponibles para preparar estos jugos es interminable, y su sabor es muy agradable1.

En resumen, incluir jugos naturales a base de lima en nuestra dieta diaria puede contribuir significativamente a nuestra salud y bienestar general.

101. Jugo Verde Tropical

Ingredientes:
- 1 lima
- 1 manzana verde
- 1 taza de espinacas frescas
- 1/2 pepino
- 1/2 taza de agua de coco

Preparación:
1. Exprime la lima y reserva el jugo.
2. Licúa la manzana verde, las espinacas, el pepino y el agua de coco hasta obtener una mezcla homogénea.
3. Añade el jugo de lima y mezcla bien. Sirve fresco.

102. Jugo de Lima y Menta

Ingredientes:
- 2 limas
- 1/4 taza de hojas de menta fresca
- 1 cucharada de miel (opcional)
- 1 litro de agua

Preparación:
1. Exprime las limas para obtener su jugo.
2. En una jarra, combina el jugo de lima con la miel y mezcla hasta disolver.
3. Añade las hojas de menta y el agua. Refrigera hasta que esté bien frío.

103. Limonada de Sandía

Ingredientes:
- 1 lima
- 2 tazas de sandía en cubos
- 1/2 taza de agua fría
- Hielo

Preparación:
1. En una licuadora, combina la sandía y el agua hasta obtener una mezcla suave.
2. Añade el jugo de una lima y mezcla nuevamente.
3. Sirve sobre hielo.

104. Jugo Refrescante de Pepino y Lima

Ingredientes:
- 2 limas
- 1 pepino grande
- 1 litro de agua
- Hojas de menta (opcional)

Preparación:
1. Pela y trocea el pepino.
2. Licúa el pepino con un poco de agua hasta que esté completamente líquido.
3. Añade el jugo de las limas y el resto del agua. Mezcla bien.
4. Añade hojas de menta al gusto.

105. Agua de Coco, Lima y Piña

Ingredientes:
- 1 lima
- 1 taza de piña en cubos
- 1/2 litro de agua de coco

Preparación:
1. Licúa la piña con el agua de coco hasta conseguir una mezcla homogénea.
2. Añade el jugo de lima y mezcla bien.
3. Sirve frío para una máxima frescura.

106. Jugo de Zanahoria, Manzana y Lima

Ingredientes:
- 1 lima

- 2 zanahorias
- 1 manzana
- 1/2 litro de agua

Preparación:
1. Lava y corta las zanahorias y la manzana en trozos pequeños.
2. Licúa las zanahorias, la manzana y el agua.
3. Añade el jugo de lima y mezcla bien antes de servir.

107. Jugo Detox de Lima y Jengibre

Ingredientes:
- 2 limas
- 1 trozo pequeño de jengibre fresco
- 1 litro de agua
- Miel al gusto

Preparación:
1. Ralla el jengibre y exprime el jugo de las limas.
2. Mezcla el agua, el jugo de lima, y el jengibre rallado.
3. Añade miel al gusto y sirve frío.

108. Frescura de Lima y Fresa

Ingredientes:
- 2 limas
- 1 taza de fresas
- 1/2 litro de agua
- Hielo

Preparación:
1. Lava y corta las fresas.
2. Licúa las fresas con agua hasta que estén bien mezcladas.
3. Añade el jugo de las limas y mezcla bien.
4. Sirve sobre hielo.

109. Jugo de Lima y Naranja

Ingredientes:
- 2 limas
- 2 naranjas
- 1/2 litro de agua
- Hielo

Preparación:
Exprime las naranjas y las limas para obtener su jugo.
En una jarra grande, combina los jugos de lima y naranja con el agua.
Mezcla bien y añade hielo al gusto.
Sirve frío para refrescarte en cualquier momento del día.

110. Jugo Tropical de Kiwi y Lima

Ingredientes:
- 2 limas
- 3 kiwis
- 1/2 litro de agua
- Hielo
- Hojas de menta para decorar (opcional)

Preparación:
1. Pela y trocea los kiwis.
2. En una licuadora, procesa los kiwis con el agua hasta obtener una mezcla homogénea.
3. Exprime las limas y añade el jugo a la mezcla anterior.
4. Sirve el jugo sobre hielo y decora con hojas de menta para un toque refrescante.

Jugos a base de Kiwi

El **kiwi** es una fruta que aporta muchos beneficios para la salud. Aquí te presento algunos de ellos:

- **Rico en Vitamina C:** El kiwi es una excelente fuente de vitamina C, lo que fortalece el sistema inmunológico y ayuda a prevenir enfermedades.
- **Propiedades Antioxidantes:** Gracias a su contenido de vitamina C, vitamina K, fibras, betacarotenos y potasio, el kiwi tiene propiedades antioxidantes que combaten el envejecimiento prematuro y protegen las células del daño oxidativo.
- **Control del Peso Corporal:** El kiwi es bajo en calorías y alto en fibras, lo que ayuda a mantener un peso saludable.
- **Beneficios Cardiovasculares:** El kiwi ayuda a mantener la presión arterial, el colesterol y el azúcar bajo control, previniendo coágulos sanguíneos y fortaleciendo el corazón.
- **Salud Digestiva:** Las fibras presentes en el kiwi mejoran la digestión y previenen problemas como la indigestión y el estreñimiento.
- **Salud de la Piel:** La vitamina E en la cáscara del kiwi actúa como un antioxidante natural y protector de la piel.
- **Apoyo a la Circulación Sanguínea:** Gracias a su contenido en vitamina E y ácidos grasos omega-3 y 6, el kiwi fluidifica la sangre y mejora la circulación.
- **Refuerzo Inmunológico:** Su alto contenido de vitamina C lo convierte en un potente aliado para fortalecer el sistema inmunológico.

En resumen, el **kiwi** es una fruta versátil y deliciosa que puedes incorporar en tu dieta de diversas formas. ¡Aprovecha sus beneficios!

111. Jugo Verde Tropical

Ingredientes:
- 2 kiwis
- 1 manzana verde
- 1/2 pepino
- Un puñado de espinacas
- Agua o hielo al gusto

Preparación:
1. Pela los kiwis y la manzana verde, corta en trozos.
2. Corta el pepino en rodajas.
3. Coloca todos los ingredientes en la licuadora, añade un poco de agua o hielo.
4. Licúa hasta obtener una mezcla homogénea. Sirve inmediatamente.

112. Jugo de Kiwi y Limón Refrescante

Ingredientes:
- 3 kiwis
- El jugo de 1 limón grande
- 1 litro de agua
- Endulzante al gusto

Preparación:
1. Pela y trocea los kiwis.
2. Añade los kiwis, el jugo de limón, el agua y el endulzante en la licuadora.
3. Licúa hasta que quede suave. Sirve frío.

113. Batido Energizante de Kiwi

Ingredientes:
- 2 kiwis
- 1 plátano

- 1/2 taza de yogur natural
- Miel al gusto

Preparación:
1. Pela y trocea los kiwis y el plátano.
2. Coloca las frutas en la licuadora junto con el yogur y la miel.
3. Licúa hasta obtener una consistencia cremosa. Disfruta al momento.

114. Jugo de Kiwi y Naranja

Ingredientes:
- 2 kiwis
- 2 naranjas

Preparación:
1. Pela los kiwis y exprime el jugo de las naranjas.
2. Coloca el kiwi y el jugo de naranja en la licuadora.
3. Licúa hasta mezclar bien. Sirve frío para una mayor frescura.

115. Smoothie de Kiwi y Fresa

Ingredientes:
- 2 kiwis
- 1 taza de fresas
- 1/2 taza de leche de almendras
- Hielo al gusto

Preparación:
1. Pela y trocea los kiwis. Lava las fresas.
2. Coloca los kiwis, las fresas, la leche de almendras y el hielo en la licuadora.
3. Licúa hasta obtener una mezcla suave. Sirve de inmediato.

116. Jugo de Kiwi, Pepino y Menta

Ingredientes:
- 2 kiwis
- 1 pepino pequeño

- Un puñado de hojas de menta fresca
- 1 litro de agua

Preparación:
1. Pela y trocea los kiwis y el pepino.
2. Añade los kiwis, el pepino, las hojas de menta y el agua en la licuadora.
3. Licúa bien y sirve fresco.

117. Jugo de Kiwi y Manzana Verde

Ingredientes:
- 2 kiwis
- 2 manzanas verdes
- Agua o hielo al gusto

Preparación:
1. Pela y corta los kiwis y las manzanas.
2. Añade las frutas en la licuadora con un poco de agua o hielo.
3. Licúa hasta que esté suave. Sirve frío.

118. Smoothie de Kiwi, Piña y Coco

Ingredientes:
- 2 kiwis
- 1 taza de piña en trozos
- 1/2 taza de leche de coco
- Hielo al gusto

Preparación:
1. Pela y corta los kiwis. Corta la piña en trozos.
2. Añade los kiwis, la piña, la leche de coco y el hielo en la licuadora.
3. Licúa hasta obtener una mezcla homogénea. Sirve de inmediato.

119. Jugo Detox de Kiwi y Zanahoria

Ingredientes:
2 kiwis
2 zanahorias medianas

1 manzana
Agua o hielo al gusto

Preparación:
1. Pela los kiwis, lava y pela las zanahorias y la manzana, cortándolos en trozos.
2. Coloca las frutas y verduras en la licuadora, añadiendo un poco de agua o hielo para facilitar el licuado.
3. Licúa hasta que la mezcla sea homogénea y suave. Sirve fresco para una bebida revitalizante.

120. Refresco de Kiwi, Pepino y Agua de Coco

Ingredientes:
- 2 kiwis
- 1/2 pepino
- 1 taza de agua de coco
- Hojas de menta para decorar (opcional)
- Hielo al gusto

Preparación:
1. Pela y trocea los kiwis y el pepino.
2. Coloca los kiwis, el pepino, el agua de coco y el hielo en la licuadora.
3. Procesa hasta obtener una consistencia suave y homogénea.
4. Sirve en vasos, adornando con hojas de menta si deseas un toque de frescura adicional.

Estas recetas te permitirán disfrutar de la dulzura y los beneficios del kiwi en combinación con otros ingredientes, obteniendo bebidas deliciosas, refrescantes y perfectas para cualquier momento del día. ¡Disfruta preparándolas!

Jugos a base de Menta

La menta es una planta maravillosa que no solo aporta un sabor fresco al paladar, sino que también tiene grandes propiedades y beneficios para la salud. Aquí tienes algunos de ellos:

- **Alivio de dolores musculares:** El mentol presente en las hojas de menta ayuda a combatir los dolores musculares. Puedes preparar una infusión o menjurge con hojas de menta para obtener este beneficio.
- **Alivio de dolores de cabeza y mareos:** La infusión de hojas de menta también puede ayudar a disipar dolores de cabeza y mareos.
- **Beneficios para el corazón y la circulación sanguínea:** Las hojas de menta contienen componentes benéficos para el sistema cardiovascular y contribuyen a una circulación adecuada.
- **Tratamiento de cólicos y náuseas:** La menta se utiliza frecuentemente para tratar cólicos, náuseas y regular el vómito.
- **Apoyo al proceso digestivo:** Las hojas de menta contienen vitaminas y minerales que son relevantes para el proceso digestivo.
- **Despeje de las vías respiratorias:** El alto contenido de mentol en la menta ayuda a refrescar las vías respiratorias.
- **Propiedades antisépticas para el aliento fresco:** Las hojas de menta tienen propiedades antisépticas que refrescan el aliento y eliminan las bacterias causantes del mal aliento.
- **Ayuda contra la pérdida de memoria y rinitis alérgica:** La menta es efectiva para la memoria y puede ayudar durante la lactancia materna.
- **Apoyo en la pérdida de peso y dietas:** Además, la menta puede utilizarse como desodorante de ambiente y es efectiva contra la depresión y la fatiga.

En resumen, la menta es una hierba versátil que no solo mejora nuestros platillos, sino que también beneficia nuestra salud de diversas maneras. ¡Aprovecha sus propiedades y disfruta de su frescura!

121. Jugo Verde Energizante

Ingredientes:
- 1 manzana verde
- 1 puñado de espinacas
- 1/2 pepino
- Unas hojas de menta
- Agua o hielo al gusto

Preparación:
1. Lava todos los ingredientes. Corta la manzana y el pepino en trozos.
2. Agrega todos los ingredientes en la licuadora, añade agua o hielo al gusto.
3. Licúa hasta obtener una consistencia suave. Sirve de inmediato.

122. Jugo Tropical de Menta

Ingredientes:
- 2 rodajas de piña
- El jugo de 1 naranja
- Unas hojas de menta
- Agua o hielo al gusto

Preparación:
1. Corta la piña en trozos.
2. Licúa la piña con el jugo de naranja y la menta.
3. Añade agua o hielo al gusto. Sirve frío.

123. Limonada de Pepino y Menta

Ingredientes:
- 2 limones
- 1/2 pepino
- Unas hojas de menta

- Agua y azúcar al gusto

Preparación:
1. Exprime el jugo de los limones.
2. Licúa el jugo de limón con el pepino, la menta, agua y azúcar al gusto.
3. Sirve con hielo.

124. Jugo Refrescante de Sandía y Menta

Ingredientes:
- 2 tazas de sandía sin semillas
- Unas hojas de menta
- Agua o hielo al gusto

Preparación:
1. Licúa la sandía con las hojas de menta y agua o hielo al gusto hasta que esté suave.
2. Sirve inmediatamente.

125. Jugo Detox de Manzana y Menta

Ingredientes:
- 2 manzanas verdes
- 1 tallo de apio
- Unas hojas de menta
- Agua o hielo al gusto

Preparación:
1. Lava y corta las manzanas y el apio.
2. Licúa todos los ingredientes hasta obtener un jugo homogéneo.
3. Sirve frío.

126. Jugo de Zanahoria, Naranja y Menta

Ingredientes
- 3 zanahorias
- El jugo de 2 naranjas
- Unas hojas de menta
- Agua o hielo al gusto

Preparación
1. Lava y corta las zanahorias.
2. Licúa las zanahorias con el jugo de naranja y la menta.
3. Añade agua o hielo al gusto y sirve.

127. Agua Fresca de Fresa y Menta

Ingredientes:
- 1 taza de fresas
- Unas hojas de menta
- Agua y azúcar al gusto

Preparación:
1. Lava las fresas y quítales el tallo.
2. Licúa las fresas con agua, azúcar y menta.
3. Cuela y sirve con hielo.

128. Jugo de Mango y Menta

Ingredientes:
- 1 mango maduro
- Unas hojas de menta
- Agua o hielo al gusto

Preparación
1. Pela y corta el mango.
2. Licúa el mango con la menta y agua o hielo hasta conseguir una mezcla suave.
3. Sirve de inmediato.

129. Jugo de Melón, Menta y Limón

Ingredientes
- 2 tazas de melón en cubos
- El jugo de 1 limón
- Unas hojas de menta
- Agua o hielo al gusto

Preparación:
1. Licúa el melón con el jugo de limón y las hojas de menta.
2. Añade agua o hielo al gusto y mezcla bien.
3. Sirve fresco.

130. Jugo Refrescante de Kiwi y Menta

Ingredientes
- 3 kiwis
- Unas hojas de menta
- Agua o hielo al gusto

Preparación:
1. Pela los kiwis y córtalos en trozos.
2. Coloca los kiwis y las hojas de menta en la licuadora.
3. Agrega agua o hielo al gusto y licúa hasta obtener una mezcla homogénea.
4. Sirve inmediatamente para disfrutar de su frescura.

Preguntas Más Frecuentes Sobre Jugos.

Si tienes dudas sobre jugos, es probable que aquí encuentres las respuestas.

P: ¿De dónde obtienes proteínas al hacer jugos?
R: A menudo se cree que necesitamos proteínas principalmente de fuentes animales y lácteas; sin embargo, verduras como espinacas, kale, lechuga romana, zanahorias, nabos, col rizada, brócoli, germinados, cáñamo y semillas de chía contienen proteínas saludables. Muchas personas consumen más proteínas de las necesarias, lo cual puede sobrecargar el hígado y los riñones, ya que el exceso de proteínas debe ser eliminado por estos órganos. Un consumo excesivo de proteínas se ha asociado con ciertos tipos de cáncer y enfermedades como la osteoporosis. Lo que muchos ignoran es que las verduras contienen proteínas. Al consumir jugos diariamente, especialmente aquellos ricos en vegetales verdes, se puede obtener suficiente proteína, incluso para un estilo de vida activo. Existen atletas veganos y vegetarianos que construyen su musculatura basándose en este tipo de alimentación y jugado.

P: ¿Cómo comienzo a hacer jugos?
R: El primer paso es comprometerte con tu salud. Luego, elige una receta que te atraiga. Comienza con menos verduras y ve aumentando su cantidad gradualmente. Si decides realizar una limpieza con jugos, opta por un plan suave como el "Plan de Desintoxicación de 3 Días". Prepara tu cuerpo algunos días antes, eliminando carne, lácteos, alcohol, tabaco y alimentos procesados, facilitando así la transición al programa de limpieza.

P: ¿Es necesario tomar jugos todos los días para obtener beneficios para la salud?
R: Nuestro cuerpo necesita vitaminas y nutrientes diariamente. Como no es posible consumir la cantidad necesaria de frutas y verduras solo con la alimentación, tomar jugos diariamente es una excelente manera de complementar nuestra dieta.

P: ¿Puedo preparar jugo para dos días?
R: El jugo se oxida rápidamente, perdiendo vitaminas y nutrientes, por lo que es ideal consumirlo inmediatamente. Sin embargo, puedes almacenarlo adecuadamente en un contenedor hermético y refrigerado para beberlo dentro de las 24 horas, a menos que se utilice un prensado en frío, que mantiene el jugo fresco hasta por 72 horas.

P: ¿Debería pelar frutas y verduras?
R: Es necesario pelar los productos no orgánicos, pero no los orgánicos. Todos deben lavarse y fregarse bien.

P: ¿Debo quitar las semillas de las manzanas?
R: Las semillas de manzana contienen cianuro en pequeñas cantidades, pero el cuerpo puede detoxificar estas cantidades sin problemas. Quitar las semillas es una elección personal.

P: Durante una limpieza con jugos, ¿puedo comer algo si tengo hambre?
R: Una limpieza con jugos implica consumir solo jugo. Sin embargo, hay planes que incluyen ensaladas ligeras y sopas, los cuales tienen un efecto diferente en el cuerpo. Consumir solo jugo permite que el sistema digestivo descanse, aspecto crucial de la limpieza.

P: ¿Cuánto tiempo debería durar una limpieza?
R: Para principiantes, se recomienda de 1 a 3 días, pudiendo extenderse a 5-7 días en rondas posteriores. Consulta siempre con un profesional de la salud antes de comenzar.

P: ¿Debo beber el jugo con el estómago vacío?
R: Sí, los nutrientes se absorben mejor en ayunas. Puedes comer 20 minutos después de beber el jugo.

P: ¿Qué es mejor usar, un extractor de jugos o una licuadora?
R: Depende de la preferencia personal. La licuadora mantiene la fibra, resultando en una bebida más espesa. Para programas de limpieza se recomienda un extractor. Ambos métodos son válidos para el jugado

Made in the USA
Las Vegas, NV
10 October 2024

96601988R00046